BAD PUNS
THAT'S HOW
EYE ROLL

THIS BOOK OF NOTES BELONGS TO

_____

BAD PUNS
THAT'S HOW
EYE ROLL

BAD PUNS
THAT'S HOW
EYE ROLL

BAD PUNS
THAT'S HOW
EYE ROLL

BAD PUNS
THAT'S HOW
EYE ROLL

**BAD
PUNS**
THAT'S HOW
EYE ROLL

BAD
PUNS
THAT'S HOW
EYE ROLL

BAD PUNS
THAT'S HOW
EYE ROLL

BAD PUNS
THAT'S HOW
EYE ROLL

BAD PUNS
THAT'S HOW
EYE ROLL

BAD PUNS
THAT'S HOW
EYE ROLL

BAD
PUNS
THAT'S HOW
EYE ROLL

BAD PUNS
THAT'S HOW
EYE ROLL

BAD
PUNS
THAT'S HOW
EYE ROLL

BAD PUNS
THAT'S HOW
EYE ROLL

BAD
PUNS
THAT'S HOW
EYE ROLL

BAD
PUNS
THAT'S HOW
EYE ROLL

BAD PUNS
THAT'S HOW
EYE ROLL

BAD
PUNS
THAT'S HOW
EYE ROLL

BAD
PUNS
THAT'S HOW
EYE ROLL

BAD
PUNS
THAT'S HOW
EYE ROLL

BAD
PUNS
THAT'S HOW
EYE ROLL

BAD PUNS
THAT'S HOW
EYE ROLL

BAD
PUNS
THAT'S HOW
EYE ROLL

BAD
PUNS
THAT'S HOW
EYE ROLL

BAD
PUNS
THAT'S HOW
EYE ROLL

BAD
PUNS
THAT'S HOW
EYE ROLL

BAD PUNS
THAT'S HOW
EYE ROLL

**BAD
PUNS
THAT'S HOW
EYE ROLL**

BAD PUNS PUNS THAT'S HOW **EYE ROLL**

BAD
PUNS
THAT'S HOW
EYE ROLL

BAD
PUNS
THAT'S HOW
EYE ROLL

BAD
PUNS
THAT'S HOW
EYE ROLL

BAD
PUNS
THAT'S HOW
EYE ROLL

BAD
PUNS
THAT'S HOW
EYE ROLL

BAD PUNS
THAT'S HOW
EYE ROLL

BAD
PUNS
THAT'S HOW
EYE ROLL

BAD
PUNS
THAT'S HOW
EYE ROLL

BAD
PUNS
THAT'S HOW
EYE ROLL

BAD PUNS
THAT'S HOW
EYE ROLL

BAD
PUNS
THAT'S HOW
EYE ROLL

BAD
PUNS
THAT'S HOW
EYE ROLL

BAD PUNS
THAT'S HOW
EYE ROLL

BAD
PUNS
THAT'S HOW
EYE ROLL

BAD
PUNS
THAT'S HOW
EYE ROLL

**BAD
PUNS**
THAT'S HOW
EYE ROLL

BAD PUNS
THAT'S HOW
EYE ROLL

BAD
PUNS
THAT'S HOW
EYE ROLL

**BAD
PUNS**
THAT'S HOW
EYE ROLL

BAD PUNS THAT'S HOW **EYE ROLL**

BAD
PUNS
THAT'S HOW
EYE ROLL

BAD
PUNS
THAT'S HOW
EYE ROLL

BAD
PUNS
THAT'S HOW
EYE ROLL

BAD
PUNS
THAT'S HOW
EYE ROLL

BAD
PUNS
THAT'S HOW
EYE ROLL

BAD PUNS
THAT'S HOW
EYE ROLL

BAD
PUNS
THAT'S HOW
EYE ROLL

BAD
PUNS
THAT'S HOW
EYE ROLL

BAD
PUNS
THAT'S HOW
EYE ROLL

BAD PUNS
THAT'S HOW
EYE ROLL

BAD
PUNS
THAT'S HOW
EYE ROLL

BAD
PUNS
THAT'S HOW
EYE ROLL

BAD
PUNS
THAT'S HOW
EYE ROLL

BAD
PUNS
THAT'S HOW
EYE ROLL

BAD PUNS
THAT'S HOW
EYE ROLL

**BAD
PUNS**
THAT'S HOW
EYE ROLL

BAD
PUNS
THAT'S HOW
EYE ROLL

BAD
PUNS
THAT'S HOW
EYE ROLL

BAD
PUNS
THAT'S HOW
EYE ROLL

BAD
PUNS
THAT'S HOW
EYE ROLL

BAD PUNS
THAT'S HOW
EYE ROLL

BAD
PUNS
THAT'S HOW
EYE ROLL

BAD
PUNS
THAT'S HOW
EYE ROLL

BAD
PUNS
THAT'S HOW
EYE ROLL

BAD PUNS
THAT'S HOW
EYE ROLL

BAD
PUNS
THAT'S HOW
EYE ROLL

BAD
PUNS
THAT'S HOW
EYE ROLL

BAD
PUNS
THAT'S HOW
EYE ROLL

BAD
PUNS
THAT'S HOW
EYE ROLL

BAD PUNS
THAT'S HOW
EYE ROLL

BAD
PUNS
THAT'S HOW
EYE ROLL

BAD PUNS
THAT'S HOW
EYE ROLL

BAD
PUNS
THAT'S HOW
EYE ROLL

BAD
PUNS
THAT'S HOW
EYE ROLL

BAD
PUNS
THAT'S HOW
EYE ROLL

BAD
PUNS
THAT'S HOW
EYE ROLL

BAD
PUNS
THAT'S HOW
EYE ROLL

BAD PUNS
THAT'S HOW
EYE ROLL

BAD PUNS
THAT'S HOW
EYE ROLL

BAD
PUNS
THAT'S HOW
EYE ROLL

BAD
PUNS
THAT'S HOW
EYE ROLL

BAD PUNS
THAT'S HOW
EYE ROLL

BAD
PUNS
THAT'S HOW
EYE ROLL

BAD PUNS
THAT'S HOW
EYE ROLL

BAD
PUNS
THAT'S HOW
EYE ROLL

BAD
PUNS
THAT'S HOW
EYE ROLL

BAD
PUNS
THAT'S HOW
EYE ROLL

BAD
PUNS
THAT'S HOW
EYE ROLL

BAD
PUNS
THAT'S HOW
EYE ROLL

BAD PUNS
THAT'S HOW
EYE ROLL

Printed in Great Britain
by Amazon

18236319R00071